Le trouble obsessionnel-compulsif

Guide d'information

Neil A. Rector, Ph.D.

Christina Bartha, MSS

Kate Kitchen, MSS

Martin Katzman, M.D.

Margaret Richter, M.D.

Révisé par Lakshmi Ravindran, M.D., Rosalia Yoon, M.Sc., Ph.D. et Adele Efendov, Ph.D., psychologue agréée

camh

Centre de toxicomanie et de santé mentale

A Un Centre collaborateur de l'Organisation panaméricaine de la Santé et de l'Organisation mondiale de la Santé

Catalogage avant publication de Bibliothèque et Archives Canada

Rector, Neil A.
[Obsessive-compulsive disorder. Français]
    Le trouble obsessionnel-compulsif : guide d'information / Neil A. Rector,
Ph.D., Christina Bartha, MSS, Kate Kitchen, MSS, Martin Katzman, M.D.,
Margaret Richter, M.D. ; révisé par Lakshmi Ravindran, M.D., Rosalia Yoon,
M.Sc., Ph.D. et Adele Efendov, Ph.D., psychologue agréée.

Traduction de : Obsessive-compulsive disorder.
Publié en formats imprimé(s) et électronique(s).
ISBN 978-1-77114-352-3 (couverture souple).--ISBN 978-1-77114-353-0 (PDF).--ISBN
978-1-77114-355-4 (HTML).--ISBN 978-1-77114-354-7 (EPUB).--ISBN 978-1-77114-
356-1 (Kindle)

    1. Névroses obsessionnelles--Ouvrages de vulgarisation. 2. Névroses
obsessionnelles--Patients--Relations familiales. I. Bartha, Christina, auteur II.
Kitchen, Kate, auteur III. Katzman, Martin A., auteur IV. Richter, Peggy (Margaret
A.), auteur V. Centre de toxicomanie et de santé mentale, organisme de publication
VI. Titre. VII. Titre: Obsessive-compulsive disorder. Français.

RC533.R43814 2016   616.85'227   C2016-907861-2
                                            C2016-907862-0
Imprimé au Canada
Copyright © 2001, 2016 Centre de toxicomanie et de santé mentale

Il se peut que cette publication soit offerte dans des supports de substitution. Pour tout renseignement sur d'autres supports ou d'autres publications de CAMH ou pour passer une commande, veuillez vous adresser au Service des publications de CAMH :
Sans frais : 1 800 661-1111
À Toronto : 416 595-6059
Courriel : publications@camh.ca
Cyberboutique : http://store.camh.ca
Site Web : www.camh.ca/fr

Available in English under the title: *Obsessive-compulsive disorder: An information guide*

Ce guide a été édité par le Département de l'enseignement et de la formation de CAMH.

3973b / 03-2017 / PM124

Table des matières

Remerciements

Nous tenons à remercier les patients qui ont bien voulu nous faire part de leur expérience du trouble obsessionnel-compulsif (TOC). Nous remercions également les personnes atteintes de TOC et leurs proches qui, anonymement, ont accepté de relire les ébauches du présent guide.

Introduction

Le présent guide s'adresse aux personnes atteintes de trouble obsessionnel-compulsif (TOC) et à leurs proches, ainsi qu'à tous ceux qui s'intéressent à ce trouble. Il fournit des réponses à des questions courantes portant sur divers aspects du TOC et il donne aux lecteurs les informations nécessaires à une communication fructueuse sur la maladie avec les prestataires de soins.

Remarque : Les termes de genre masculin utilisés pour désigner des personnes englobent les femmes et les hommes. L'usage exclusif du masculin ne vise qu'à alléger le texte.

1 Qu'est-ce que le trouble obsessionnel-compulsif ?

Je suis rongée par la crainte de faire du mal aux gens par un acte involontaire. J'ai peur de les blesser en leur disant des mots de travers ou en n'employant pas les mots qu'il faut, et de les rendre très malheureux. Ou j'appréhende de sortir de chez moi en laissant une cigarette allumée ou un appareil en marche et de causer une explosion qui pourrait détruire ma maison et tout le quartier. Cette crainte me force à tout vérifier plusieurs fois avant de sortir, puis à retourner chez moi pour faire une dernière vérification. – Mary W.

Le trouble obsessionnel-compulsif (TOC) est un trouble mental grave et débilitant, caractérisé par la présence d'obsessions et de compulsions, qui affecte à peu près 2 % de la population. Présent partout dans le monde, le TOC touche légèrement plus d'adultes de sexe féminin que de sexe masculin. En général, les symptômes se manifestent graduellement et dans un quart des cas, le TOC débute au début de l'adolescence.

Obsessions

Tout le monde a des tracas de temps à autre, qu'ils soient liés au travail ou aux études, à des questions d'argent ou de santé, à des difficultés relationnelles ou à la situation d'un membre de la famille. Mais les personnes atteintes de TOC se laissent dévorer par l'inquiétude et leurs préoccupations sont différentes de celles de la majorité des gens, car elles ne concernent pas les difficultés réelles de la vie.

Lorsqu'une personne est rongée par l'inquiétude, on parle d'« obsession ». Les obsessions sont des pensées importunes, des besoins impérieux ou des images qui reviennent sans cesse à l'esprit. La plupart des personnes atteintes de TOC savent bien que leurs obsessions sont déraisonnables et qu'elles sont le produit de leur imagination, mais elles ne parviennent ni à s'en défaire, ni à les maîtriser, ni à en faire fi. Les obsessions suivantes figurent parmi les plus répandues chez les personnes atteintes de TOC :

CRAINTE DE CONTAMINATION

· crainte d'être contaminé par la saleté ou les microbes (à l'occasion d'une poignée de main, par exemple)
· crainte d'être contaminé par ses propres sécrétions (salive, sperme, sécrétions vaginales...) ou par son urine ou ses excréments

DOUTES CONSTANTS

· crainte d'être responsable d'un désastre pour avoir fait ou omis de faire quelque chose (provoquer un accident de voiture, avoir oublié de fermer une porte à clé ou d'éteindre le four, par exemple)
· crainte de commettre une erreur

OBSESSION DE L'ORDRE

· crainte que les choses ne soient pas « exactement à leur place » et désarroi lorsque quelqu'un déplace ou manipule des objets

· obsession de l'exactitude et du classement

OBSESSIONS RELIGIEUSES

· crainte d'avoir des pensées blasphématoires
· préoccupations en lien avec des images et des pensées perturbantes de nature religieuse

OBSESSIONS LIÉES À L'AGRESSIVITÉ

· crainte de se faire du mal (en mangeant avec un couteau ou une fourchette, en manipulant des objets pointus ou en marchant à proximité de vitres, par exemple)
· crainte de faire du mal à autrui (en heurtant la susceptibilité de quelqu'un, en empoisonnant de la nourriture, en faisant du mal à un nouveau-né ou en poussant une personne sous un train, par exemple)
· crainte de proférer des obscénités en public

OBSESSIONS SEXUELLES

· pensées taboues ou importunes, fantasmes ou pulsions de nature sexuelle (images mentales récurrentes de nature pornographique, par exemple)
· fantasmes de pédophilie ou d'inceste
· crainte d'être homosexuel

Les personnes atteintes de TOC perçoivent leurs obsessions comme importunes, inacceptables et parfois même répugnantes. Par suite, pour apaiser la détresse et l'anxiété engendrées par ces pensées, elles ont recours à des comportements répétitifs, actes mentaux ou rituels.

Compulsions

Beaucoup de gens ont des façons de faire particulières qu'on pourrait considérer comme des rituels : certains lisent leur journal dès qu'ils se lèvent le matin, d'autres disposent leurs crayons et leur gomme à effacer de façon particulière sur leur bureau... Mais chez les personnes atteintes de TOC, les rituels deviennent des fixations et peuvent prendre des heures.

Même si elles sont souvent conscientes que ces rituels n'ont aucun sens, ces personnes se sentent astreintes à les répéter sans cesse. Poussés à cet extrême, les rituels sont qualifiés de « compulsions ». Le fait de céder à ces compulsions ne procure aucun plaisir aux personnes atteintes de TOC, mais il atténue leur détresse ou leur anxiété.

Les compulsions, qui peuvent être extrêmement codifiées, sont soit sans lien raisonnable avec ce qu'ils visent à conjurer, soit tout à fait démesurées. Les compulsions suivantes figurent parmi les plus répandues chez les personnes atteintes de TOC :

SOUCI EXCESSIF DE PROPRETÉ

· fréquence excessive ou ritualisation de la toilette : lavage des mains, douches ou bains, brossage des dents... ; nettoyage ritualisé ou excessif des articles ménagers ou d'autres objets
· évitement des objets considérés « contaminés » et des situations présentant un « risque de contamination »

VÉRIFICATIONS EXCESSIVES

· contrôles visant à donner aux sujets l'assurance qu'ils ne porteront pas atteinte à la sécurité d'autrui ni à la leur propre, qu'ils ne commettront aucune erreur et qu'ils ne seront responsables d'aucune calamité

SOUCI EXCESSIF D'ORDRE

· attention extrême aux détails afin que tout soit « comme il faut » ou conforme à une règle particulière, par exemple en ce qui concerne la façon de plier des draps de lit ou d'organiser ses notes sur son bureau

RITUELS MENTAUX

· répétition mentale de certains mots, chiffres ou images
· prières particulières
· passages en revue constants
· répression de pensées (remplacement des « mauvaises » pensées par de « bonnes » pensées)

Effets du TOC sur les personnes atteintes

Les répercussions du TOC sur la qualité de vie sont énormes. Ce trouble affecte tous les aspects de la vie, notamment le vécu émotionnel et la façon de penser et d'agir. Les personnes atteintes ont tendance à éviter les situations susceptibles de déclencher des symptômes de TOC. De plus, ces personnes étant souvent conscientes du caractère irrationnel de leurs pensées et de leurs comportements, il leur est difficile de parler de leurs préoccupations ou de se résoudre à consulter un spécialiste. L'acuité des symptômes du TOC varie (de légère à grave) et leur intensité fluctue souvent au cours du temps, avec des périodes d'atténuation et des périodes d'exacerbation. Dans les cas graves, qui pourraient représenter

20 % des cas diagnostiqués, les sujets oscillent entre obsessions et compulsions tout au long de la journée, ce qui est particulièrement incapacitant.

Il est fréquent que les personnes atteintes de TOC souffrent pendant des années avant que la maladie ne soit diagnostiquée et traitée. Fort heureusement, il existe à présent des traitements largement accessibles qui peuvent alléger de manière tout à fait satisfaisante le fardeau de cette maladie accablante et dévastatrice.

Diagnostic du TOC

Beaucoup de gens ont des pensées importunes, des soucis et des manies. Il est courant de ressasser des pensées désagréables, de se tracasser pour des êtres chers ou de se ronger les ongles. Pour établir un bon diagnostic, il convient donc de bien faire la distinction entre ces comportements et le trouble psychiatrique qu'est le TOC.

Voici une définition générale du trouble obsessionnel-compulsif, tirée du *Manuel diagnostique et statistique des troubles mentaux* (DSM-5, 2013) de l'American Psychiatric Association :

Le TOC est caractérisé par la présence d'obsessions et/ou de compulsions. Les obsessions sont des pensées, pulsions ou images récurrentes et persistantes qui sont ressenties comme intrusives et inopportunes, alors que les compulsions sont des comportements répétitifs ou des actes mentaux que le sujet se sent poussé à accomplir en réponse à une obsession ou selon certaines règles qui doivent être appliquées de manière inflexible (p. 275)... Les obsessions ou compulsions sont à l'origine d'une perte de temps considérable (p. ex. prenant plus d'une heure par jour) ou d'une détresse cliniquement significative, ou d'une altération du fonctionnement social, professionnel ou dans d'autres domaines importants [sic] (p. 277).

Les médecins sont qualifiés pour administrer les examens psychiatriques et les questionnaires permettant de déterminer la gravité des obsessions et des compulsions, le degré de la détresse du sujet et l'impact du TOC sur sa vie quotidienne. Avant de poser un diagnostic de TOC, ils commencent par s'assurer que le problème n'est pas mieux expliqué par un ou plusieurs autres troubles mentaux dont certains symptômes sont semblables à ceux du TOC. Cette démarche d'élimination est ce que l'on appelle le « diagnostic différentiel ». Ci-dessous figure une liste de troubles mentaux dont certains symptômes s'apparentent à ceux du TOC. Il convient néanmoins de signaler que le TOC peut coexister avec nombre de ces troubles.

Troubles ayant des symptômes semblables à ceux du TOC

PERSONNALITÉ OBSESSIONNELLE-COMPULSIVE

La personnalité obsessionnelle-compulsive (POC) est un trouble de la personnalité qui est souvent confondu avec le TOC, alors qu'il existe des différences marquées entre les deux diagnostics et que la majorité des sujets atteints de POC ne présentent pas de TOC. Les personnes atteintes de POC ont du mal à prendre des décisions. Perfectionnistes à l'extrême, elles accordent une attention excessive aux détails et aux règles et cherchent à imposer leur façon de faire aux membres de leur famille, à leurs amis et à leurs collègues de travail. Elles attachent une importance démesurée au travail et sont souvent considérées comme des bourreaux de travail. Consciencieuses à l'excès, elles ne témoignent que peu d'affection à autrui et ne semblent pas beaucoup apprécier la compagnie. Elles sont parfois aussi perçues comme avaricieuses. Bien que la plupart des personnes atteintes de TOC signalent un ou deux de ces traits de personnalité, il faut, pour poser un diagnostic de POC, que le sujet en présente cinq.

TROUBLES APPARENTÉS AU TROUBLE OBSESSIONNEL-COMPULSIF

Il existe plusieurs troubles apparentés au TOC, qui sont tous caractérisés par des pensées ou des comportements répétitifs difficiles à ignorer ou à éliminer. Ces troubles provoquent une grande détresse et peuvent avoir des répercussions fâcheuses, notamment sur la vie sociale et professionnelle. Bien que différents du TOC proprement dit, ils lui sont étroitement apparentés et coexistent souvent avec lui. En voici une liste partielle :

- **Obsession d'une dysmorphie corporelle** : Caractérisée par une préoccupation exagérée à propos d'imperfections ou de défauts corporels perçus dans son apparence physique, qui ne sont pas observables ou qui semblent légers à autrui ; cette préoccupation aboutit souvent à des comportements ou à des actes mentaux excessivement répétitifs (vérifications perpétuelles de son apparence devant un miroir, toilettage excessif, besoin constant d'être rassuré sur son apparence physique ou recherche de chirurgie esthétique, par exemple).

- **Trichotillomanie** : Caractérisée par l'arrachage compulsif des cheveux (et aussi des poils : sourcils et cils, poils des bras et des jambes, etc.) et aboutissant à une perte de cheveux, malgré des tentatives répétées de modérer ou d'arrêter cette manie. Contrairement aux compulsions propres au TOC, les comportements compulsifs caractéristiques de la trichotillomanie ne servent pas à neutraliser une détresse associée à des obsessions.

- **Dermatillomanie** : Triturage compulsif de la peau aboutissant à des lésions cutanées, malgré des tentatives répétées de modérer ou d'arrêter cette manie.

- **Amassement pathologique (syllogomanie)** : Difficulté persistante à jeter certains objets ou à s'en séparer, indépendamment de leur valeur réelle. Ceci se traduit par une accumulation d'objets, qui finissent par envahir le lieu de vie.

Je continue à accumuler des choses chez moi sans me débarrasser de quoi que ce soit. Je ne sais même pas ce que j'ai, car c'est le fouillis complet. PERSONNE n'a mis les pieds chez moi depuis des années. Je suis persuadée que mes propriétaires me mettraient à la porte s'ils voyaient l'état de mon appartement. Je pense souvent à la possibilité qu'un incendie se déclenche. Je n'ose pas allumer de chandelles, alors que j'aime beaucoup ça. J'ai peur de rencontrer quelqu'un qui me plaise parce que je ne pourrais jamais l'amener chez moi et que je le dégoûterais autant que je me dégoûte moi-même. – Aubrey D.

TICS

Il s'agit de vocalisations ou de mouvements soudains et brusques. De nombreuses personnes atteintes de TOC ont des tics, surtout lorsque leur affection a débuté durant l'enfance. Certains tics complexes sont difficiles à distinguer des compulsions. Cependant, tout comme la trichotillomanie, par exemple, les tics diffèrent du TOC en ce qu'ils ne sont pas précédés d'obsessions et qu'ils ne visent pas à neutraliser une détresse associée à des obsessions.

TROUBLES PSYCHOTIQUES

Les troubles psychotiques sont caractérisés par la présence d'idées délirantes, d'hallucinations, de pensée désorganisée ou de comportement moteur anormal ou désorganisé. Néanmoins, bien que certains sujets atteints de TOC puissent avoir une faible prise de conscience ou même des croyances délirantes pouvant évoquer un trouble psychotique comme la schizophrénie, le TOC diffère des troubles psychotiques en ce que le degré de prise de conscience a tendance à fluctuer avec la gravité de l'affection. En outre, les autres symptômes des troubles psychotiques, dont les hallucinations

auditives et visuelles et l'incohérence du discours, sont généralement absents chez les personnes atteintes de TOC.

TROUBLES DÉPRESSIFS

Les personnes atteintes de dépression ressassent souvent leurs
erreurs passées et ce qu'elles perçoivent comme leurs échecs,
ce qui pourrait donner lieu à une confusion avec les obsessions.
Toutefois, contrairement aux personnes atteintes de TOC – dont la
détresse crée le besoin de neutraliser ou d'éviter les pensées ou
images récurrentes – les personnes atteintes de dépression ont tendance à s'appesantir sur leur état pour mieux en comprendre les
causes et les conséquences. En outre, la dépression s'accompagne
généralement d'autres symptômes qui sont absents dans le TOC :
perte d'intérêt à l'égard des activités habituelles, fatigue et altéra-
tions de l'appétit et du poids.

TROUBLES ANXIEUX

Les personnes atteintes de TOC connaissent souvent des symptômes anxieux, de même que les personnes atteintes d'un trouble
anxieux peuvent connaître des symptômes de TOC, notamment des
pensées récurrentes et des comportements d'évitement. Néanmoins les deux troubles diffèrent, car dans les troubles anxieux,
les préoccupations portent sur de véritables problèmes de la vie et
ne s'accompagnent pas de compulsions. Voici une liste de troubles
anxieux courants :

· **Anxiété généralisée :** Anxiété ou soucis excessifs concernant de
  véritables problèmes de la vie (relativement à l'argent ou à la
  santé, par exemple).

· **Trouble panique :** Caractérisé par des attaques de panique
  récurrentes

- **Anxiété sociale :** Peur de se mettre dans l'embarras ou d'être humilié en société
- **Phobie spécifique :** Peur à propos d'un objet ou d'une situation spécifique (peur des araignées ou des hauteurs, par exemple)

2 Les causes DU TOC

D'aussi loin que je me souvienne, ma famille et mes amis m'ont toujours considérée comme une inquiète. C'est vers l'âge de 16 ans que j'ai eu ma première expérience du trouble obsession-nel-compulsif. Je venais d'entrer à l'école secondaire et c'était stressant, avec tous ces changements. Une amie à moi a fait une intoxication alimentaire et c'est de là que m'est venue la peur d'être empoisonnée. Je m'en souviens encore : ça a commencé par une inquiétude mineure qui s'est amplifiée et qui est devenue la hantise de ma vie. – Cecilia D.

Les nombreuses recherches sur le trouble obsessionnel-compulsif n'ont pas encore permis d'en établir l'origine. Comme pour la plupart des troubles psychiatriques, plusieurs facteurs pourraient être en cause. Tout ce qu'on puisse dire pour le moment est que le TOC semble être le résultat d'un ensemble de facteurs psychiques et biologiques. Le présent chapitre porte sur les théories visant à expliquer l'origine du TOC, et les chapitres 3 et 4 présentent ses traitements.

Facteurs psychiques

De nombreuses théories psychologiques ont été avancées pour expliquer l'origine du TOC, mais les deux qui sont le plus largement acceptées sont la théorie comportementale et la théorie cognitive.

THÉORIE COMPORTEMENTALE

Selon la théorie comportementale, les personnes aux prises avec un TOC associeraient certains objets ou certaines situations à de la peur et elles apprendraient à éviter les choses qu'elles redoutent ou à adopter des rituels pour atténuer cette peur.

Cet enchaînement de peur et d'évitement ou de rituels débute souvent durant des périodes de stress émotionnel intense (par exemple à l'occasion d'un nouvel emploi ou de la rupture d'une relation amoureuse), alors que les gens sont davantage sujets à la peur et à l'anxiété. Des choses auxquelles les personnes n'attachaient aucune importance auparavant commencent à les effrayer. C'est ainsi que quelqu'un qui n'a jamais vu d'inconvénient à aller dans les toilettes publiques se mettra, en période de stress, à associer le siège des toilettes au risque d'attraper une maladie.

Une fois le lien établi entre un objet et le sentiment de crainte, la personne atteinte de TOC se met à éviter l'objet redouté plutôt que de raisonner sa peur ou d'en faire fi. À titre d'exemple, si elle craint d'attraper une maladie dans les toilettes publiques, elle évitera de s'y rendre, et si elle n'a pas le choix, elle aura recours à tout un rituel, incluant le nettoyage du siège des toilettes et de la poignée de porte de la cabine. Ces actions apaisant temporairement la crainte éprouvée, celle-ci n'est jamais remise en question ni maîtrisée, et le comportement en est renforcé. La peur risque alors de s'étendre à d'autres objets : lavabos et douches destinés au public, par exemple.

La thérapie comportementale (examinée en détail au chapitre suivant) enseigne aux personnes atteintes de TOC à raisonner leur anxiété et à l'atténuer sans avoir recours à l'évitement ou à des comportements ritualisés. Quand on apprend à faire face à la peur, elle perd de son intensité.

THÉORIE COGNITIVE

Alors que la théorie comportementale s'intéresse essentiellement à la façon dont les personnes atteintes de TOC associent le sentiment de peur à un objet, la théorie cognitive met l'accent sur l'interprétation fautive que les personnes aux prises avec un TOC font de leurs pensées.

Il est courant d'avoir des pensées importunes, semblables à celles dont font état les personnes atteintes de TOC. Il peut, par exemple, arriver à de jeunes parents stressés par les soins à apporter à un nouveau-né de s'imaginer en train de lui faire du mal. Mais alors que la plupart des gens réussissent à rejeter une telle pensée, les personnes prédisposées au TOC lui accordent une importance démesurée et agissent comme si elle constituait une menace réelle, en se disant « Je dois être un danger pour les enfants si je leur fais du mal en pensée ». Cela peut donner lieu à une forte anxiété et à d'autres émotions oppressantes, dont la honte, le sentiment de culpabilité et le dégoût de soi.

Les personnes qui en viennent à redouter leurs propres pensées s'efforcent généralement de neutraliser les sentiments qui en découlent. Elles cherchent à y parvenir soit en évitant les situations susceptibles de déclencher de telles pensées, soit en accomplissant des rituels – lavage ou prières, par exemple.

Les tenants de la théorie cognitive affirment qu'une personne atteinte de TOC est condamnée à éprouver de la détresse et à recourir à des comportements d'évitement ou à des rituels tant qu'elle ne cessera pas d'interpréter ses pensées importunes comme des pensées « catastrophiques » et qu'elle persistera à leur accorder foi.

Selon la théorie cognitive, ce serait en raison de convictions erronées, acquises dans l'enfance, que les personnes associeraient un danger exagéré à leurs pensées. Les chercheurs supposent que les modes de pensée suivants pourraient jouer un rôle important dans la genèse et le maintien des obsessions :

· sens exagéré du devoir ou conviction d'avoir la responsabilité d'empêcher que des malheurs ou des accidents n'arrivent à autrui

· conviction que certaines pensées ont un pouvoir extraordinaire et doivent être maîtrisées

· conviction que le simple fait d'imaginer quelque chose ou d'éprouver le besoin de faire quelque chose augmente le risque que cette chose se réalise

· tendance à surestimer le danger

· conviction qu'il faut toujours être parfait et que les erreurs sont inacceptables.

La première fois que j'ai fait l'expérience du trouble obsessionnel-compulsif, j'ai cru que je perdais la tête. Tout d'un coup, des idées qui ne m'avaient jamais troublé m'envahissaient complètement. Je savais bien que ça n'avait aucun sens, mais ça ne m'empêchait pas d'être terrifié. Je me disais « Et si jamais ça arrivait ? » Même si je savais qu'il n'y avait qu'une chance sur mille, j'étais terrifié à l'idée que quelque chose de catastrophique puisse m'arriver ou arriver à quelqu'un d'autre. – Bryan B.

La thérapie cognitive (examinée en détail au chapitre suivant) aide à « désapprendre » les convictions erronées et à changer de façon de penser. Les personnes atteintes de TOC parviennent ainsi à éliminer la détresse associée aux pensées importunes et à mettre un terme à leurs comportements compulsifs.

Facteurs physiologiques

RÉGULATION DE LA CHIMIE DU CERVEAU

Les recherches sur les causes et les effets du TOC sur le plan physiologique ont révélé l'existence d'un lien entre ce trouble et certains neurotransmetteurs, les messagers chimiques du cerveau, qui transmettent les signaux entre les neurones. Les neurotransmetteurs qui jouent un rôle prédominant dans le TOC sont la sérotonine, la dopamine et le glutamate. La sérotonine intervient dans la régulation de l'humeur, de l'agressivité, des impulsions, du sommeil, de l'appétit, de la température corporelle et de la douleur. Tous les médicaments prescrits pour le traitement du TOC élèvent le taux de sérotonine. Les rôles de la dopamine et du glutamate n'ont pas encore été complètement élucidés.

ALTÉRATIONS DE L'ACTIVITÉ CÉRÉBRALE

L'avènement des techniques modernes d'imagerie cérébrale a permis aux chercheurs d'étudier l'activité de régions précises du cerveau. Ils ont ainsi découvert que chez les personnes atteintes de TOC, l'activité de trois d'entre elles était supérieure à la normale :

· le **noyau caudé** (groupe de neurones spécialisés localisé dans les noyaux gris centraux, une structure située profondément au centre du cerveau). Le noyau caudé a notamment pour rôle de refouler les pensées indésirables. Il jouerait aussi un rôle important dans la régulation des comportements habituels et répétitifs. En général, lorsque le traitement du TOC est efficace – qu'il s'agisse de traitement médicamenteux ou de psychothérapie – l'activité de cette région diminue, ce qui prouve que ces deux formes de thérapie peuvent agir sur le fonctionnement du cerveau.

· le **cortex préfrontal orbital** (situé dans la région antérieure du cerveau). Les recherches portent à croire que l'activité du cortex préfrontal orbital aurait une incidence sur le comportement social. En effet, il existe un lien entre une activité réduite ou une lésion de cette région cérébrale et la désinhibition, le manque de jugement et l'absence de sentiment de culpabilité. Il se pourrait donc qu'une activité anormalement intense du cortex préfrontal orbital accentue les préoccupations de nature sociale : méticulosité, souci de propreté et peur d'agir de façon inappropriée – toutes préoccupations associées au TOC.

· le **gyrus cingulaire** (au centre du cerveau). Le gyrus cingulaire contribuerait à la réaction émotive aux pensées obsédantes. Selon les chercheurs, cette région cérébrale nous informerait des erreurs que nous avons commises et nous pousserait à y remédier. Le gyrus cingulaire est étroitement lié au cortex préfrontal orbital et aux noyaux gris centraux par de nombreuses connexions neuronales.

Les noyaux gris centraux, le cortex préfrontal orbital et le gyrus cingulaire renferment tous de nombreux neurones réceptifs à la sérotonine. D'après les chercheurs, les médicaments qui accroissent la concentration de sérotonine – et qui favorisent donc la transmission des signaux – pourraient modifier le degré d'activité de ces trois régions cérébrales.

RÔLE DU STREPTOCOQUE DANS LE TOC

Certains chercheurs ont avancé l'idée que lorsque des enfants présentent un TOC ou un syndrome de Gilles de la Tourette (SGT) d'apparition soudaine, ces affections pourraient être liées à une récente infection à streptocoque A, la bactérie responsable de l'angine streptococcique – les anticorps produits par l'organisme pour combattre l'infection s'attaquant par erreur aux noyaux gris centraux, impliqués dans le TOC.

Rien ne prouve cependant que le streptocoque joue un rôle dans l'apparition du TOC chez les adultes. En outre, dans la plupart des cas touchant des enfants, les symptômes se manifestent graduellement et non brusquement. Pour le moment, le lien entre l'infection à streptocoques et le TOC est donc incertain.

FACTEURS GÉNÉTIQUES

Il semble que le TOC soit souvent « de famille ». De fait, près de la moitié des cas de TOC se produisent dans des familles déjà touchées. Les recherches sur les familles de personnes atteintes de TOC et les registres de santé publique indiquent que les parents (aux premier, deuxième et troisième degrés) de personnes atteintes de TOC présentent un risque plus élevé de contracter cette affection que les personnes sans antécédents familiaux.

Lorsqu'une pathologie affecte plusieurs membres d'une même famille, cela peut être dû soit à la génétique, soit à l'influence du milieu (la pathologie étant « inculquée » d'un membre de la famille à un autre). Dans le cas du TOC, l'hérédité jouerait un rôle important. En effet, les études réalisés sur les jumeaux montrent que si un jumeau est atteint de TOC, l'autre court un risque plus grand de contracter cette affection s'il s'agit de vrais jumeaux (possédant le même patrimoine génétique) que s'il s'agit de faux jumeaux (n'ayant en commun qu'à peu près la moitié du patrimoine génétique).

Les études de recherche sur la génétique du trouble obsessionnel-compulsif indiquent qu'il n'y a pas de gène spécifique de cette affection, mais que diverses combinaisons de gènes – parmi lesquels figureraient des variants de gènes régulateurs des neurotransmetteurs, dont la sérotonine, la dopamine et le glutamate – pourraient contribuer au risque de TOC. Toutefois, les recherches sur la contribution des facteurs génétiques au TOC en sont encore à un stade embryonnaire.

3 Le traitement du TOC

Les traitements actuels ont radicalement changé la perception du trouble obsessionnel-compulsif (TOC), autrefois considéré comme chronique et incurable, et il n'y a plus lieu de désespérer lorsqu'on reçoit un tel diagnostic. La tendance actuelle, pour la prise en charge de ce trouble, est d'allier la thérapie cognitivo-comportementale (TCC) à un traitement par antidépresseur. Ni l'un ni l'autre ne permettent de guérir le TOC, mais ils aident les personnes atteintes à maîtriser leurs symptômes et à reprendre une vie normale.

Il importe que la psychothérapie soit spécifique au TOC et qu'elle soit dispensée par un thérapeute qualifié, les psychothérapies courantes n'étant pas toutes efficaces pour soulager les symptômes du TOC. La TCC est souvent dispensée en groupe, car il est avantageux de suivre une thérapie avec des personnes qui sont en butte aux mêmes types de difficultés.

En sus des traitements destinés à atténuer les symptômes du TOC, le counseling de soutien est généralement bénéfique. Les séances de counseling peuvent être individuelles ou inclure le conjoint ou un autre membre de la famille. Pour des renseignements sur le counseling de soutien, veuillez vous reporter au chapitre 5.

Thérapie cognitivo-comportementale

L'expression « thérapie cognitivo-comportementale » renvoie à deux traitements distincts : la thérapie cognitive et la thérapie comportementale, dont la forme la plus courante pour le traitement du TOC est l'exposition avec prévention de la réponse (EPR). Bien que ces deux thérapies soient de plus en plus offertes conjointement, nous les présenterons séparément.

EXPOSITION AVEC PRÉVENTION DE LA RÉPONSE

La partie « exposition » de cette thérapie fait intervenir l'exposition contrôlée – in vivo ou en imagination – à des objets ou à des situations qui déclenchent les obsessions génératrices d'anxiété. Cette exposition entraîne une diminution graduelle de l'anxiété, qui finit par perdre de son emprise. On appelle l'accoutumance progressive aux signaux anxiogènes « désensibilisation ».

La deuxième composante du traitement est la prévention de la réponse ritualisée que les personnes atteintes de TOC adoptent pour réduire leur anxiété. L'EPR apprend aux patients à résister à la compulsion de se livrer à des rituels jusqu'au moment où ils sont capables d'y renoncer.

Description de l'EPR

Avant d'entreprendre un traitement par EPR, les patients dressent la liste, par ordre décroissant, des situations qui déclenchent leurs phobies obsessionnelles. À titre d'exemple, une personne qui craint la contamination pourrait dresser la liste suivante :

| 1) toucher à des ordures | 2) aller dans les toilettes publiques | 3) serrer la main de quelqu'un |

Le traitement débute par une exposition à des situations qui engendrent une anxiété légère ou modérée. À mesure que la personne s'habitue à ces situations, elle est graduellement confrontée à des situations plus problématiques. La durée du traitement dépend de la tolérance à l'anxiété des personnes en thérapie et de leur capacité de résistance aux compulsions.

En règle générale, les exercices d'exposition se font d'abord avec l'aide d'un thérapeute. La durée des séances peut aller de trois quarts d'heure à trois heures. Entre les séances, les sujets doivent répéter les exercices d'exposition durant deux ou trois heures par jour.

Il arrive que l'exposition in vivo ne soit pas possible dans le cabinet du thérapeute, par exemple dans le cas d'une personne qui a la hantise de causer un accident de voiture. Le thérapeute a alors recours à la technique d'« exposition en imagination », en amenant la personne à se représenter différents scénarios susceptibles de déclencher son obsession.

L'objet principal de l'exposition, tant in vivo qu'en imagination, est d'amener le sujet à faire face, durant une période donnée, à un facteur déclencheur de l'obsession sans accomplir de rituel. À titre d'exemple si une personne qui redoute la contamination réagit à son anxiété par le lavage des mains ou des rituels de nettoyage, il lui sera demandé de s'abstenir de ces activités après un exercice d'exposition – d'abord pendant plusieurs heures, puis pendant plusieurs jours d'affilée. La thérapie prend fin une fois que la personne est capable de s'abstenir complètement de rituels.

Pour que les personnes atteintes de TOC puissent faire le suivi des progrès réalisés grâce aux exercices d'exposition, le thérapeute leur apprend à évaluer elles-mêmes leur degré d'anxiété. Dès qu'elles commencent à progresser, elles sont encouragées à continuer à appliquer les techniques d'EPR acquises aux nouvelles situations qui se présentent. Normalement, un traitement par EPR dure de 14 à 16 semaines.

L'EPR en autothérapie

Pour les personnes atteintes de TOC léger, l'autothérapie peut être tout aussi efficace que le recours à un thérapeute. Il existe des guides pour l'auto-prise en charge du TOC, qui présentent les stratégies de l'EPR, étape par étape (voir la partie « Lectures suggérées » en page 58.)

Efficacité de l'EPR

Même les sujets qui sont depuis longtemps aux prises avec de graves symptômes de TOC peuvent bénéficier de l'EPR. Le succès du traitement dépend de plusieurs facteurs et exige que la personne ait la volonté de se rétablir.

Des études sur l'efficacité de l'EPR ont révélé que plus de 75 % des sujets constataient une régression de leurs symptômes de TOC durant le traitement et que la majorité d'entre eux montraient une amélioration à long terme, soit deux ou trois ans après le traitement.

Parmi les sujets qui bénéficient le moins de l'EPR figurent ceux qui cachent leurs compulsions et ceux qui ont une dépression modérée ou grave.

THÉRAPIE COGNITIVE

Comme nous l'avons vu, si les personnes atteintes de TOC ont des pensées génératrices d'anxiété (des obsessions), c'est qu'elles interprètent ces pensées comme dangereuses, car susceptibles de se concrétiser. Ainsi, la peur de sortir en ayant laissé allumé un élément de cuisson provoque chez ces personnes une anxiété telle qu'elle les pousse à retourner plusieurs fois chez elles en courant afin de vérifier que tout est bien éteint.

Description de la thérapie cognitive

Pour les cas de TOC, la thérapie cognitive est le plus souvent associée à l'EPR.

Dans l'EPR, les sujets établissent une liste hiérarchisée des situations qui les tourmentent et lorsqu'ils font des exercices d'exposition, ils doivent être particulièrement vigilants à l'égard des pensées et des sentiments évoqués par les situations en cause.

La thérapie cognitive s'intéresse plutôt à la façon dont les sujets interprètent leurs obsessions : s'ils croient qu'elles sont fondées, comment ils les voient et la raison pour laquelle ils pensent avoir ces obsessions. À titre d'exemple : une personne qui a peur de serrer la main de quelqu'un d'autre craint peut-être d'attraper des microbes et de tomber malade. Cette crainte peut être remise en question et réinterprétée afin que cette personne ne perçoive plus les poignées de main comme des gestes à risque. Cette technique ne produit pas de résultats immédiats, mais elle peut procurer un soulagement durable.

La thérapie cognitive aide également les sujets à cerner leurs convictions au sujet des conséquences possibles du comportement compulsif ou de son abandon et à réévaluer ces conséquences, ce qui doit conduire à son abandon. Ainsi, une personne qui passe chaque fois une demi-heure à se laver les mains croit peut-être qu'elle agit ainsi pour se protéger contre une infection. En remettant cette conviction en question, on l'aide à maîtriser plus facilement son comportement.

Un des outils employés en thérapie cognitive pour aider les sujets à repérer les interprétations contestables des pensées importunes et à les remettre en question est le journal des pensées, qui sert à consigner les obsessions et les interprétations que les personnes leur associent. La première étape consiste à inscrire une note dans le journal chaque fois qu'une image, pensée ou idée importune se présente à l'esprit. Parmi les choses importantes à noter figurent les réponses aux questions suivantes :

1. Où étais-je lorsque l'obsession s'est manifestée ?
2. Quelles sont les images, pensées ou idées importunes qui me sont venues à l'esprit ?
3. Comment ai-je interprété ces images, pensées ou idées importunes ?
4. Qu'ai-je fait ?

Exemple d'entrée dans le journal des pensées

SITUATION : Chez moi, assise devant la télé.

PENSÉE IMPORTUNE : Dieu s'en fiche bien.

INTERPRÉTATION DE LA PENSÉE IMPORTUNE :

1. Quelle sorte de personne suis-je pour blasphémer ainsi en pensée ?
2. Dieu va nous punir, ma famille et moi.
3. Je dois être en train de perdre la tête si je ne peux pas m'empêcher d'avoir des idées pareilles.

RITUEL : Prière. Comportements expiatoires.

Une fois que la personne atteinte de TOC a appris à repérer ses pensées importunes et l'interprétation qu'elle en fait, elle peut passer aux étapes suivantes :

· Examiner les faits à l'appui de l'obsession et les faits contraires.
· Cerner les distorsions cognitives présentes dans son interprétation de l'obsession.
· Apprendre à réagir de façon différente, avec moins d'angoisse,

lorsque l'image, la pensée ou l'idée importune se présentera de nouveau.

La mise en lumière des modes de comportement se fait tant avec l'aide du thérapeute que pendant les exercices pratiques d'exposition effectués entre les séances, la personne notant l'information pertinente dans son journal.

Efficacité de la thérapie cognitive

Les études ont révélé que la thérapie cognitive donnait de bons résultats pour le TOC. Bien que la thérapie comportementale et la thérapie cognitive puissent être dispensées séparément, de nombreux thérapeutes associent les deux stratégies. Les patients peuvent ainsi bénéficier à la fois des exercices d'exposition et des exercices de restructuration cognitive.

La thérapie de groupe m'a beaucoup apporté : elle m'a permis de mieux comprendre ma maladie, et les thérapeutes m'ont donné toutes sortes d'outils qui m'ont aidée à y faire face au quotidien. Même si j'ai trouvé les exercices hebdomadaires particulièrement difficiles, habituée que je suis à faire des listes et des vérifications interminables, ils m'ont fourni de nombreuses occasions d'apprendre à surmonter l'anxiété qu'ils me causaient. En rencontrant des gens qui avaient eux aussi de TOC, j'ai aussi pu faire l'expérience d'une empathie mutuelle, ce qui m'a aidée à être moins repliée sur moi-même. Leur compréhension et leur soutien m'ont permis de me sentir beaucoup moins seule et de reprendre espoir.

Grâce aux stratégies que j'ai apprises en groupe, je sais maintenant que je peux maîtriser le TOC. Au début, j'ai eu beaucoup de mal à faire face à mes peurs, mais mes efforts ont été largement récompensés, car mes symptômes se sont atténués. En affrontant, avec les autres membres du groupe, les difficultés causées par le TOC, j'ai appris que je n'étais pas seule et que mon cas n'avait rien d'exceptionnel. Le fait d'écouter les membres du groupe parler de leurs problèmes et de leurs réussites m'encourage à me fixer des objectifs toujours plus ambitieux et à continuer à lutter contre l'emprise du TOC *sur ma vie.* – Changying X.

4 Les traitements médicamenteux

En l'absence de traitement, le trouble obsessionnel-compulsif peut être une maladie chronique invalidante. Un traitement médicamenteux conjugué à la thérapie cognitivo-comportementale permet d'en réduire les symptômes.

Comme on l'a vu à la rubrique « Régulation de la chimie du cerveau » (page 16), les recherches ont montré que les médicaments augmentant les concentrations de sérotonine (responsable de la transmission des messages dans le cerveau) étaient souvent efficaces pour le TOC.

Les principaux médicaments de ce type sont les inhibiteurs de la recapture de la sérotonine (IRS), qui appartiennent à une classe de médicaments appelés antidépresseurs. Ce sont ceux qui sont le plus couramment prescrits dans le traitement du TOC, et ils sont également employés pour traiter la dépression.

En présence d'un TOC, la plupart des médecins qui ont recours à la pharmacothérapie prescrivent un IRS, car les médicaments de cette classe réduisent les symptômes du TOC dans la majorité des cas. Si une personne ne répond pas aux IRS, le médecin peut prescrire un autre type de médicaments. Par ailleurs, les médecins prescrivent parfois des médicaments d'appoint pour les symptômes qui ne sont pas soulagés par l'IRS. Le présent chapitre donne un aperçu des divers traitements médicamenteux du TOC et il examine leurs effets secondaires ainsi que d'autres inconvénients.

Inhibiteurs de la recapture de la sérotonine

Il existe deux types d'inhibiteurs de la recapture de la sérotonine (IRS), les plus récents étant les inhibiteurs sélectifs de la recapture de la sérotonine (ISRS) qui, comme leur nom l'indique, agissent sélectivement sur la neurotransmission de la sérotonine. Les ISRS actuellement commercialisés au Canada sont la fluoxétine (Prozac), la fluvoxamine (Luvox), la sertraline (Zoloft), la paroxétine (Paxil), le citalopram (Celexa) et l'escitalopram (Cipralex). Ces médicaments sont considérés d'efficacité semblable, mais ils n'ont pas forcément le même effet sur tous les patients.

La clomipramine (Anafranil) – qui appartient à une classe de médicaments appelés « antidépresseurs tricycliques » – est le plus ancien des IRS et celui qui a été le plus étudié. Selon les recherches, la clomipramine aurait une efficacité légèrement supérieure aux ISRS pour le traitement du TOC, avec environ 80 % des sujets signalant une réduction de leurs symptômes. Cet IRS a toutefois un spectre d'effets secondaires plus large que les ISRS. La plupart des médecins conseillent donc aux personnes atteintes de TOC de commencer par faire l'essai d'un ISRS, car cette classe de médicaments est elle aussi efficace et ses effets secondaires sont mieux tolérés.

TRAITEMENT PAR IRS (ISRS COMPRIS)

Pour des résultats optimaux, les IRS doivent être pris de façon régulière, généralement à raison d'une fois par jour. Habituellement, le médecin commence par prescrire une faible dose, qu'il augmente graduellement si le patient tolère bien le médicament. Les personnes qui prennent des IRS pouvant éprouver des effets secondaires, la dose idéale est celle qui procure le plus grand soulagement avec le minimum d'effets secondaires.

Le temps de réponse aux IRS est plus long pour le TOC que pour la dépression ou les troubles anxieux. Il peut parfois s'écouler de 8 à 12 semaines avant que le traitement fasse effet. C'est pourquoi les personnes qui entreprennent un traitement par IRS doivent le poursuivre pendant un minimum de trois mois, le temps nécessaire pour que la posologie puisse être ajustée et qu'elles puissent voir une amélioration. Lorsque les IRS agissent, leurs effets sont très graduels et il faut généralement compter plusieurs semaines avant d'observer le moindre changement. Il peut néanmoins arriver que le soulagement des symptômes soit plus rapide.

En règle générale, lorsque le TOC est traité par un IRS, les obsessions et les compulsions perdent graduellement de leur intensité. Il faut cependant signaler que si ces médicaments sont ordinairement efficaces, il est rare qu'ils procurent un soulagement de tous les symptômes du TOC.

Lorsqu'un IRS particulier n'a produit aucun effet après une période d'essai de trois mois, les médecins recommandent habituellement d'en essayer un autre. En effet, des patients qui ne répondent pas à un certain IRS peuvent obtenir des résultats satisfaisants avec un autre. Si le premier médicament n'a pas donné les résultats escomptés, il se peut que le second choix du médecin soit la clomipramine.

Il n'est pas rare d'essayer deux ou trois IRS avant de trouver celui qui convient. D'ordinaire, les médecins essaient au moins trois médicaments de la classe des IRS avant d'envisager un autre type de traitement médicamenteux.

La question concernant la prise d'un IRS durant la grossesse ou l'allaitement est à discuter avec le médecin. Il est des cas où les bienfaits des IRS l'emportent nettement sur les risques.

PENDANT COMBIEN DE TEMPS DOIT-ON PRENDRE UN IRS ?

Une fois trouvé l'IRS qui convient, les médecins recommandent habituellement de le prendre pendant un minimum de 6 à 12 mois. Dans certains cas cependant, lorsque le risque de rechute est très élevé, il est préférable de prendre le médicament à long terme. Fort heureusement, même dans le cadre de traitements au long cours, les IRS n'engendrent aucune dépendance.

Lorsqu'une personne commence à se sentir mieux et qu'elle arrête de prendre ses médicaments trop tôt ou trop brusquement, elle s'expose à un plus grand risque de rechute. La décision d'interrompre le traitement ne devrait être prise qu'en consultation avec le médecin. Voici quelques conseils pour minimiser le risque de rechute quand on décide d'interrompre le traitement :

· Réduire graduellement la dose, sur une période pouvant aller jusqu'à plusieurs mois.
· Consulter régulièrement un professionnel de la santé pour le suivi de la gravité des symptômes du TOC.
· Associer la thérapie cognitivo-comportementale à la prise du médicament et se servir des techniques apprises pour maîtriser les symptômes qui pourraient se manifester après l'arrêt du médicament.

EFFETS SECONDAIRES DES IRS

La prise d'un IRS peut s'accompagner d'effets secondaires. Ces effets peuvent être légers et largement compensés par les bienfaits procurés par le médicament, mais ils peuvent aussi être assez pénibles. En outre, il est fréquent que les effets secondaires des IRS se fassent sentir avant leurs bienfaits.

En général, les effets secondaires des IRS s'atténuent progressivement et les patients les tolèrent assez bien au bout d'un certain temps. Il est possible de minimiser certains effets secondaires en modifiant la dose de l'IRS ou en le prenant à un moment différent de la journée. Les effets secondaires des IRS sont réversibles et ils disparaissent complètement une fois qu'on cesse de les prendre. Il est important que les personnes traitées par un IRS – comme par tout autre médicament, d'ailleurs – parlent à leur médecin des effets secondaires qu'elles ont du mal à supporter.

Les effets secondaires possibles des ISRS sont généralement considérés moins lourds que ceux de la clomipramine, le plus ancien des IRS. Ceci dit, nombre des effets secondaires courants des ISRS sont les mêmes que ceux des IRS proprement dits : sécheresse buccale, transpiration, constipation, somnolence, tremblements et dysfonctionnement sexuel (p. ex. baisse de libido et difficulté ou incapacité à atteindre l'orgasme).

La prise de poids est surtout associée à la clomipramine, mais elle peut aussi se produire avec l'utilisation prolongée de tout ISRS.

Parmi les autres effets secondaires courants des ISRS figurent les nausées, les insomnies et les maux de tête.

Quant à la clomipramine, elle peut également causer des vertiges accompagnés d'une altération soudaine de la posture, ainsi qu'une vision trouble. Elle peut aussi provoquer des épisodes maniaques et des convulsions, mais ces effets sont rares. Chez les personnes avec des antécédents de troubles cardiaques, la clomipramine doit être prescrite avec prudence, ce médicament affectant la façon dont les impulsions électriques se propagent dans le cœur.

INTERACTIONS MÉDICAMENTEUSES

Quand on prend un irs (comme tout autre médicament, d'ailleurs), on doit se méfier des interactions médicamenteuses. C'est pourquoi il est important de se renseigner auprès d'un médecin ou d'un pharmacien avant de prendre un autre médicament sur ordonnance ou en vente libre.

D'ordinaire, les irs sont sans danger, mais il peut être dommageable de prendre un irs en même temps que de la terfénadine (Seldane) ou de l'astémizole (Hismanal), deux antihistaminiques (il existe d'autres types d'antihistaminiques sans risque d'interaction avec les irs). En outre, les irs peuvent réduire l'efficacité de certains médicaments couramment prescrits.

Il est recommandé aux personnes qui prennent des irs de s'abstenir de consommer de l'alcool, car les irs en amplifient les effets. Il devient donc plus difficile de contrôler son comportement. L'alcool peut en outre diminuer l'efficacité des irs.

Autres médicaments

Pour les personnes qui ne répondent pas au traitement par irs, il existe d'autres médicaments. Dans certains cas, le médecin prescrira un autre type d'antidépresseur et dans d'autres, il associera un deuxième médicament à l'irs.

AUTRES ANTIDÉPRESSEURS

Ces médicaments agissent aussi sur le taux de sérotonine, mais pas de la même façon que les IRS.

Inhibiteurs de la recapture de la sérotonine et de la noradrénaline (IRSN)

Les inhibiteurs de la recapture de la sérotonine et de la noradrénaline (IRSNa) – parmi lesquels figurent la venlafaxine (Effexor), la desvenlafaxine (Pristiq) et la duloxétine (Cymbalta) – sont une classe d'antidépresseurs dont les effets secondaires sont assez bien tolérés. On ne dispose cependant pas de renseignements suffisants concernant leur efficacité pour le TOC. Ils ne sont donc prescrits qu'en deuxième ou troisième intention pour cette affection.

Inhibiteurs de la monoamine oxydase

Les inhibiteurs de la monoamine oxydase (IMAO) sont des antidépresseurs efficaces qui donnent certains résultats dans le traitement du TOC. Les deux IMAO en vente au Canada sont la phénelzine (Nardil) et la tranylcypromine (Parnate). Ils sont moins efficaces que les IRS pour le traitement des obsessions et leur profil d'effets secondaires est moins bon ; de plus, la prise des IMAO exige un régime spécial. On n'y a donc recours que lorsque les IRS n'ont pas donné de résultats.

Médicaments d'appoint

En certains cas, il peut être très utile d'associer à l'IRS un autre médicament pour traiter les symptômes du TOC. On appelle « médicament d'appoint » le médicament qui est associé au médicament principal.

MÉDICAMENTS CONTRE L'ANXIÉTÉ

Antipsychotiques

Pour le TOC, il existe de plus en plus de preuves en faveur de l'ajout d'un antipsychotique au traitement par antidépresseur. En conséquence, il est de plus en plus courant de prescrire un médicament de la classe des antipsychotiques aux personnes qui n'ont obtenu qu'un soulagement partiel de leurs symptômes avec un antidépresseur. Il existe deux types d'antipsychotiques : les antipsychotiques de première génération et les antipsychotiques « atypiques », plus récents.

Pris en conjonction avec un IRS, les antipsychotiques typiques, tel l'halopéridol (Haldol) peuvent apporter un soulagement appréciable aux personnes affligées d'un tic ou du syndrome de Gilles de la Tourette en sus du TOC. On peut aussi associer aux IRS des antipsychotiques atypiques. Au Canada, il en existe plusieurs, dont la rispéridone (Risperdal), l'olanzapine (Zyprexa), la quétiapine (Seroquel) et l'aripiprazole (Abilify). À l'heure actuelle, c'est la rispéridone qui est associée aux meilleures données scientifiques pour le traitement du TOC, mais les autres molécules sont également couramment employées.

Malheureusement, les antipsychotiques comportent des risques. Leur effet sédatif prononcé peut les rendre difficiles à tolérer. De plus, la prise à long terme de ces médicaments, et tout particulièrement des antipsychotiques atypiques, s'accompagne d'un risque de troubles métaboliques (notamment accroissement de l'appétit et du poids, élévation des taux de triglycérides et de cholestérol et diabète). En raison de ces risques, il est important que les sujets fassent l'objet d'un suivi étroit, avec analyses sanguines régulières. Il arrive qu'une dyskinésie tardive (mouvements involontaires) se produise chez les gens qui ont pris des antipsychotiques de façon prolongée, le risque étant plus grand avec les antipsychotiques de première génération. Pour chaque année d'utilisation d'un antipsy-chotique, le risque de dyskinésie tardive s'accroît de 5 %, et cette affection n'est pas toujours réversible.

Benzodiazépines

Ces médicaments, à l'effet tranquillisant, servent à soulager l'anxiété et à trouver le sommeil. Toutefois, on ne sait pas très bien si c'est l'intensité des obsessions ou des compulsions qu'ils réduisent. Les personnes qui suivent une thérapie cognitivo-comportementale devraient s'abstenir de prendre des benzodi-azépines, car elles risquent d'affecter leur mémoire à court terme et de nuire à leur apprentissage.

Si les benzodiazépines soulagent l'anxiété, elles doivent cependant être prises avec prudence. Quand on commence un traitement par benzodiazépine, il faut éviter de conduire ou d'utiliser des machines dangereuses tant qu'on ne s'est pas habitué aux effets du médicament. Il faut également éviter de consommer de l'alcool car le mélange est dangereux. Par ailleurs, l'usage prolongé de benzo-diazépines pouvant entraîner une dépendance, le sevrage doit se faire sous surveillance médicale.

Dans la classe des benzodiazépines, le clonazépam (Rivotril), qui pourrait avoir un effet régulateur sur la sérotonine, est un bon choix pour les personnes atteintes de TOC. Parmi les autres médi-caments communément prescrits en remplacement des IRS, on peut citer le lorazépam (Ativan), l'alprazolam (Xanax), le diazépam (Valium), l'oxazépam (Serax) et le témazépam (Restoril).

Plantes médicinales

Il se pourrait que certaines plantes permettent d'atténuer les symptômes du TOC, mais leur efficacité n'a pas encore été testée.

Les personnes qui souhaitent essayer des traitements alternatifs devraient consulter un médecin bien renseigné à ce sujet. En effet :

· Comme tous les médicaments, les plantes médicinales peuvent avoir des effets indésirables et interagir avec des médicaments sur ordonnance ou en vente libre ou avec d'autres plantes médicinales.

· En Amérique du Nord, l'industrie des plantes médicinales n'étant pas réglementée, la qualité et l'efficacité des produits à base de plantes varient.

PLANTES MÉDICINALES À EFFET SÉDATIF

Il semblerait que ce soient les effets sédatifs de certaines plantes médicinales – camomille allemande, houblon, kava, mélisse officinale, fleurs de la passiflore, scutellaire, valériane et gotu kola – qui atténueraient les symptômes de l'anxiété. Ce qu'on sait est que le mode d'action sur le cerveau des composés de ces remèdes traditionnels est semblable à celui des médicaments de la classe des benzodiazépines.

Même si ces plantes semblent sans danger, elles doivent être prises avec prudence, car elles pourraient augmenter les effets sédatifs d'autres médicaments ainsi que ceux de l'alcool.

PLANTES MÉDICINALES SANS EFFET SÉDATIF

Certains recommandent le millepertuis pour le traitement de la dépression légère ou modérée, mais selon des recherches récentes, il serait sans effet pour le traitement du TOC.

D'autres composés à base de plantes, dont l'extrait de ginkgo biloba et l'huile d'onagre, ont également été suggérés pour le traitement du TOC, mais comme dans le cas du millepertuis, il existe peu de preuves de leur efficacité.

5 Le rétablissement et la prévention de la rechute

Le rétablissement : un cheminement plutôt qu'un aboutissement

Bien que la thérapie cognitivo-comportementale et la pharmaco-thérapie atténuent généralement les symptômes du TOC, il existe certains aspects de la maladie auxquels elles ne remédient pas entièrement. Tout comme l'apparition de la maladie, le rétablissement du TOC est progressif et c'est une affaire de degré.

Le TOC touche tous les aspects de la vie. Il peut perturber la vie professionnelle, la vie sociale et la vie familiale. Une fois qu'une personne est parvenue à acquérir une maîtrise suffisante de ses symptômes et qu'elle se sent prête à reprendre une vie normale, elle risque donc de se trouver confrontée à de réelles difficultés d'ordre pratique et affectif, engendrées par sa longue maladie.

Une maladie prolongée peut miner la confiance en soi. Des situations auparavant familières et dépourvues de stress éveillent soudain un sentiment d'insécurité. De plus, le TOC a tendance à entraîner une grande dépendance à l'égard de l'entourage. Les gens sont souvent étonnés de constater combien ils redoutent la perspective de redevenir autonomes et de reprendre leurs responsabilités. Il importe donc de reconnaître que cette appréhension est une part intégrante de la phase de rétablissement.

Le rétablissement est un processus et non un état. Il est recommandé de commencer par reprendre tout doucement ses activités sans trop surestimer ses capacités. Il faut du temps pour assumer de nouveau toutes ses responsabilités et retrouver sa confiance en soi, et il est normal d'éprouver un sentiment d'anxiété à la perspective de reprendre sa vie sociale et ses études ou son travail. C'est pourquoi on doit éviter de se juger trop sévèrement.

RETOUR AU TRAVAIL

Lorsqu'une personne est prête à rétablir des relations normales avec les membres de la famille et les amis, et qu'elle envisage de reprendre les études ou le travail, il peut lui être utile d'avoir le soutien d'un thérapeute. Il est normal, par exemple, d'éprouver une certaine inquiétude à l'idée de reprendre le travail. Voici certaines questions, liées au travail, que posent souvent les personnes atteintes de TOC :

· Comment vais-je expliquer mon absence à mes collègues ?
· Est-ce normal de manquer de confiance en soi ?
· Comment vais-je faire pour reconnaître mon anxiété et y faire face sans avoir besoin de recourir à des comportements compulsifs ?

La reprise de l'activité professionnelle pourrait susciter d'autres questions. En parlant de ses préoccupations à son thérapeute, la personne sera mieux en mesure de déterminer, avec son aide, une stratégie qui facilitera son retour au travail.

Il serait souhaitable que le thérapeute connaisse bien le TOC, mais comme il s'agit d'un trouble bien moins connu que les autres troubles mentaux, un thérapeute disposé à se renseigner sur le TOC pourrait faire l'affaire.

De préférence, la reprise des activités professionnelles devrait se faire progressivement, avec un emploi à temps partiel ou une charge de travail réduite. Le prestataire de soins pourrait préconiser des aménagements spécifiques pour la période de transition : pauses plus fréquentes, possibilité de s'absenter pour se rendre à ses rendez-vous chez le médecin et allègement des tâches non essentielles.

Il pourrait être utile de renseigner son employeur et ses collègues sur certains traits typiques du TOC, mais tout le monde n'est pas disposé à s'ouvrir ainsi sur sa maladie. Bien sûr, si on ne dit rien à l'employeur, on ne pourra pas lui demander d'aménagements spéciaux, mais cela ne veut pas dire pour autant que le retour au travail ne se passera pas bien. En pareil cas, cependant, il sera particulièrement important de pouvoir parler de ses difficultés avec des personnes de l'extérieur.

Prévention de la rechute

Tout comme le diabète, le TOC est un trouble chronique. Il est possible d'alléger les symptômes et de les maîtriser à l'aide des médicaments et de la psychothérapie, mais il faut prendre des précautions pour prévenir leur retour.

Il est particulièrement important de prêter attention à ce qu'on ressent, car l'anxiété, le stress, la fatigue et l'impression de perdre le contrôle d'une situation peuvent déclencher une rechute. Certaines situations ou conditions particulières peuvent provoquer une réapparition de symptômes. Il faut aussi se garder d'interrompre le traitement médicamenteux brusquement ou prématurément, car cela provoque fréquemment la rechute.

Pour maintenir les progrès accomplis quand on a réussi à maîtriser les symptômes du TOC, on peut avoir recours à diverses stratégies :

1. **Bien se renseigner sur le TOC.**

    Il importe de lire tout ce qu'on peut sur le TOC et son traite-
    ment, en demandant des éclaircissements à des professionnels
    de la santé mentale, si nécessaire. Des suggestions de lecture
    et de sites Web figurent en page 58.

2. **Résister aux compulsions en acquérant de meilleures stratégies
    pour faire face au stress et à la peur.**

    Une fois les symptômes du TOC maîtrisés, il faut faire preuve
    d'une grande détermination pour ne pas régresser. Les straté-
    gies improductives de lutte contre le stress et la peur doivent
    être remplacées par des stratégies mieux adaptées. Il est essen-
    tiel de résister au désir de céder à ses compulsions.

    Il est vivement recommandé de continuer à appliquer les tech-
    niques acquises en thérapie pour éliminer le schéma pensées
    obsessionnelles-comportements compulsifs. Il ne faut surtout
    pas se contenter d'une amélioration partielle des symptômes,
    car on s'exposerait ainsi à un risque de rechute.

3. **Continuer de prendre les médicaments prescrits, le cas échéant,
    tant que le médecin n'a pas dit de les arrêter.**

    Il est fréquent que les patients qui commencent à se sentir
    mieux cessent de prendre leurs médicaments. Or, on est plus
    susceptible de rechuter si on arrête de prendre ses médicaments
    trop tôt. Les médecins recommandent généralement de suivre
    le traitement durant six à douze mois, mais il est des cas où
    les antidépresseurs peuvent être prescrits pendant plusieurs
    années. Quand on éprouve des effets secondaires, il est tentant
    d'arrêter ses médicaments. Néanmoins, il est essentiel de ne
    pas s'arrêter brusquement. Plutôt que de prendre la décision

de son propre chef, il vaut mieux consulter son médecin pour
lui demander de dresser un plan de traitement que l'on puisse
accepter.

4. **Faire participer les membres de sa famille et ses amis à son
rétablissement.**

Quand une personne atteinte de TOC choisit de vivre dans
l'isolement et le secret, elle crée un terrain propice aux symptômes de la maladie, tandis que si elle met sa famille et
ses amis au courant de ses difficultés, ils peuvent l'aider de
diverses façons : en l'aidant à résister à ses compulsions et à se
protéger contre la réapparition des symptômes, ainsi qu'en lui
offrant encouragements et soutien, par exemple.

Il revient à chaque personne de décider à qui parler de sa
maladie. Néanmoins, pour se prémunir d'une éventuelle
rechute, il importe d'avoir au moins une personne sur laquelle
on puisse compter et à qui on puisse se confier.

En sus du soutien de la famille, des amis et des thérapeutes,
beaucoup de personnes aux prises avec un TOC trouvent les
groupes d'entraide très utiles. (Pour savoir s'il existe un groupe
d'entraide sur le TOC près de chez vous, consultez la liste des
sources d'information en ligne, en page 58.)

5. **Adopter une bonne hygiène de vie : alimentation adéquate,
exercice et bonnes habitudes de sommeil.**

L'alimentation, le sommeil et l'exercice influent sur la façon
dont on se sent et sur la tolérance au stress. La méditation
et les thérapies par le mouvement, dont le yoga, réduisent
l'anxiété. Elles apportent en outre un surcroît d'énergie, favorisent la concentration et procurent un sentiment de bien-être.

Quand on prend soin de sa santé physique, émotionnelle et spirituelle, on se sent actif et on est plus serein et mieux armé pour affronter les problèmes qui se présentent.

6. **S'efforcer de mener une vie équilibrant travail, vie familiale, vie sociale et loisirs.**

De prime abord, il pourrait sembler plus facile d'échapper au TOC en se concentrant exclusivement sur une chose : travail ou passe-temps, par exemple. Mais à la longue, il est probable que cette tactique cessera de fonctionner. Il est important de ne négliger aucun aspect essentiel de la vie : travail, études ou activités bénévoles, vie de famille, amitiés ou loisirs. Quand on se remet d'un TOC, l'adoption d'un mode de vie équilibré et satisfaisant est une bonne façon d'éviter la rechute.

7. **Prévoir un suivi post-traitement.**

La poursuite du traitement après que les symptômes sont devenus gérables permet de maintenir les résultats obtenus et de prévenir la rechute. Il peut également être bénéfique de continuer à suivre une thérapie – individuelle, familiale ou de groupe – ou de participer à un groupe de soutien.

8. **Gérer son temps et faire des projets d'avenir.**

Le TOC est une affection chronophage qui laisse peu de temps pour songer à l'avenir. Alors, quand les symptômes s'amenuisent, on peut se demander que faire de tout le temps qu'on a soudain à sa disposition et se sentir dépassé par les possibilités.

Pour pouvoir avoir une vie qui ne soit pas centrée sur le TOC et maintenir les progrès accomplis, il faut avoir des activités que l'on aime. Certains n'ont aucun mal à reprendre le travail ou les études et les activités de loisirs qu'ils avaient négligés en raison de leur maladie, mais le retour à une vie active n'est pas toujours aussi aisé. Pour mieux cerner les possibilités et faire des projets permettant d'envisager l'avenir avec optimisme, on peut avoir recours aux services d'un ergothérapeute ou d'un conseiller en orientation professionnelle.

9. **Parer à l'éventualité d'une rechute.**

En continuant à mettre en pratique les techniques acquises en thérapie et à suivre les conseils ci-dessus, on peut éviter que le TOC ne reprenne le dessus sur ses pensées et son comportement. Malgré tout, avec cette maladie, on n'est jamais complètement à l'abri du risque de rechute. Si on s'aperçoit qu'on commence à se retrouver sous l'emprise du TOC, il faut agir au plus vite.

Il est vivement recommandé d'établir un plan d'intervention précoce avec le concours de son médecin ou de son thérapeute. Un ajustement posologique ou le passage en revue de certaines stratégies comportementales acquises en thérapie peuvent aider à prévenir une rechute complète.

Relations conjugales

Le TOC a des répercussions sur les relations conjugales. Au stade de la maladie où les symptômes sont modérés ou graves, il est difficile de témoigner du soutien et de l'affection à la personne avec qui on partage sa vie. À la longue, une certaine froideur et même de l'hostilité risquent de s'installer dans le couple. La reconstruction de ce qui a été perdu au plus fort de la maladie et pendant le traitement exige du temps et des efforts.

Il peut être très utile de s'adresser à un thérapeute conjugal bien au fait du TOC ou disposé à se renseigner sur cette maladie. La thérapie aide le couple à discuter de ses difficultés de façon constructive plutôt qu'en se fâchant. Un bon thérapeute sait favoriser la communication et aider les couples à redécouvrir ce qui les avait unis au départ. Le TOC est une maladie avec laquelle les personnes touchées devront composer toute leur vie et il a des répercussions sur les activités et les projets que l'on peut faire. Il se pourrait que le couple ait à faire son deuil de la relation qu'il avait imaginée et qu'il doive envisager la vie commune sous un nouvel angle.

Relations avec les enfants

Dans les cas les plus graves, le TOC a un effet extrêmement perturbateur sur les relations personnelles et il empêche les gens de s'acquitter convenablement de leur rôle de parents. Il devient très difficile de changer les couches, préparer les repas ou passer du temps avec ses enfants, par exemple. Alors, quand on se rétablit, on ne sait plus au juste ce qui se passe dans leur vie ; il faut reprendre contact avec les enseignants, se mettre au courant des activités extrascolaires des enfants et rencontrer leurs amis du quartier. Et que dire aux gens, si tant est qu'on doive leur dire quelque chose ? Pour pallier les difficultés de réadaptation au rôle de parent et gérer l'anxiété occasionnée par cette situation, il peut être utile de recourir à l'aide d'un thérapeute.

6 Conseils pour les membres de l'entourage

Peu à peu, le TOC de Marie s'est immiscé au centre de la vie familiale. Marie redoutait la contamination et elle s'est mise à laver continuellement le linge des membres de sa famille de peur qu'ils ne tombent malades par sa faute. Elle en est arrivée à un point où elle avait si peur de causer un préjudice aux membres de sa famille en touchant leurs vêtements qu'elle ne pouvait plus faire la lessive par elle-même. Son mari a pris cette tâche en main, sous l'étroite surveillance de Marie. Parfois, un membre de la famille se fâchait contre Marie, qui admettait elle-même que ses peurs étaient irrationnelles, mais qui était incapable de s'en défaire. Au plus fort de sa maladie, Marie avait l'impression qu'aucun vêtement des membres de sa famille n'était suffisamment propre pour être porté sans danger et elle s'opposait à ce que quiconque quitte la maison.

Lorsqu'un être cher est atteint d'un TOC...

Lorsqu'une personne est malade, qu'elle soit atteinte de diabète ou de TOC, c'est l'ensemble de la famille qui est affectée. Mais dans le cas de la maladie mentale, des difficultés supplémentaires se posent. Par crainte des préjugés, certaines familles s'isolent, tout en s'efforçant de donner un sens au diagnostic et aux traitements.

Il n'est pas rare qu'il s'écoule des années avant que le TOC ne soit diagnostiqué. Cela provient du fait que les modes de pensée et de comportement caractéristiques de la maladie sont assez répandus et que le TOC est une affaire de degré. Un homme qui se plaint que sa femme passe trop de temps à faire le ménage ou que son fils accumule les journaux risque de ne pas être pris au sérieux. Il pourrait très bien se voir répondre « Moi, j'aimerais bien que ma femme fasse le ménage plus souvent. » ou « Pourquoi te plains-tu que ton fils accumule les journaux ? Qu'est-ce que ça peut bien te faire ? ». Pourtant, en l'absence de traitement, les symptômes du TOC perturbent la vie familiale normale, souvent de façon importante.

Une fois le bon diagnostic posé, il n'est pas toujours facile de trouver un traitement efficace. Il se peut qu'il manque de professionnels spécialisés dans le traitement de ce trouble et qu'il n'y ait pas de groupes de soutien à proximité. Et il ne suffit pas d'obtenir un traitement adéquat : encore faut-il que la personne atteinte de TOC soit disposée à le suivre. Il arrive aussi que la personne rejette l'aide offerte par les membres de sa famille pour l'aider à maîtriser sa maladie.

Lorsque le TOC entrave le cours habituel de la vie familiale, il est normal que les membres de la famille en éprouvent du ressentiment ou de l'amertume. La reconnaissance du fait qu'il s'agit d'une maladie est la première chose qui peut les aider à briser leur isolement et à retrouver l'énergie nécessaire pour prendre soin de la personne malade et d'eux-mêmes.

Répercussions du TOC sur les familles

Les personnes atteintes d'un TOC essaient souvent de faire participer les membres de leur famille à leurs rituels compulsifs et il arrive que pour préserver la paix, ces derniers entrent dans leur jeu. Ils encouragent donc des comportements tels que l'amassement et les vérifications et lavages à n'en plus finir. Lorsque cela se produit – par exemple quand une femme achète davantage de détergent pour permettre à son mari de faire des lessives incessantes ou bien quand les membres d'une famille acceptent de ne pas se débarrasser des piles de journaux qui encombrent le salon – on dit qu'ils font des « accommodements ».

Les accommodements débutent souvent par de petits compromis, mais une fois le processus enclenché, il devient difficile de l'arrêter. Prenons le cas d'une femme qui redoute la contamination et pour qui les courses constituent un véritable supplice. Au début, son fils s'offre à l'occasion d'aller au supermarché à sa place pour lui rendre service, mais les symptômes de sa mère s'aggravant, il finit par faire toutes les courses, ce qui fait qu'elle ne sort plus de chez elle et qu'elle s'isole complètement.

Une autre façon dont les familles réagissent au TOC est par le déni de réalité, car elles ont du mal à comprendre pourquoi la personne n'est pas capable d'abandonner un rituel qui, à l'évidence, est éprouvant pour tout le monde. Un membre de la famille pourrait lui dire : « J'ai bien réussi à m'arrêter de fumer ; alors pourquoi est-ce que tu ne pourrais pas t'arrêter de faire toutes ces vérifications ? ».

Les familles qui ont à supporter les comportements associés au TOC passent souvent par toutes sortes d'émotions pénibles. À mesure que les symptômes du TOC s'aggravent, ces émotions s'amplifient et tous les aspects de la vie familiale sont affectés. Si les membres de la famille laissent les tensions s'exacerber, la situation risque de faire autant de dommages que le TOC lui-même.

Lorsqu'un proche vient de recevoir un diagnostic de TOC...

Lorsqu'un TOC est diagnostiqué, les membres de la famille passent par toutes sortes d'émotions. Il est possible qu'ils éprouvent un certain soulagement en découvrant finalement la nature du problème, mais il se peut aussi qu'ils se sentent accablés en apprenant que les inquiétudes et le comportement de leur proche sont dus à une maladie mentale. Le diagnostic risque d'éveiller des craintes au sujet des répercussions éventuelles de la maladie sur l'avenir – celui de la personne atteinte et celui de la famille. Les parents d'un enfant ou d'un jeune adulte chez qui un TOC a été diagnostiqué sont portés à se sentir coupables, en se disant qu'ils ont une part de responsabilité dans cet état de choses, même si des professionnels leur affirment le contraire. Quand le TOC fait irruption dans la vie familiale, il est naturel, également, de ressentir de la colère.

Il faut se dire qu'il est tout à fait normal d'éprouver des sentiments contradictoires. Cela permet de se sentir moins stressé et de mieux s'occuper de la personne aux prises avec un TOC.

Ci-dessous figure une liste de conseils pour composer avec les émotions difficiles qui surgissent lorsqu'un membre de la famille est atteint de TOC et pour aider cette personne à se rétablir.

Comment se comporter à l'égard d'un être cher atteint de TOC

1. **Se renseigner aussi complètement que possible sur le TOC et son traitement.** Cela permet de comprendre la maladie et d'aider le membre de la famille à changer. Une liste d'ouvrages et de sites Web recommandés figure en page 58.

2. **Considérer les comportements compulsifs comme des symptômes et non comme des défauts de caractère.** Il ne faut pas oublier que même si la personne est aux prises avec un trouble mental, elle a de nombreux atouts et capacités. Il faut donc éviter de se concentrer uniquement sur le TOC.

3. **Ne pas laisser le TOC dominer la vie familiale.** Il faut s'efforcer de minimiser le stress et de maintenir une vie familiale aussi normale que possible.

4. **Éviter de participer aux rituels.** Quand on a pris l'habitude de se prêter aux rituels d'un membre de la famille, il faut du temps pour changer. Mais pour que la personne atteinte de TOC puisse progresser, sa famille et ses amis doivent résister à la tentation de prendre part à ses comportements ritualisés, et même à la rassurer.

5. **Communiquer de façon positive, claire et directe.** Préciser ce qu'on attend de la personne au lieu de critiquer ses comportements passés. En évitant la critique personnelle, on aide la personne à ne pas se sentir rejetée durant une période de changement difficile.

6. **Rester calme.** Il importe de préserver une atmosphère conviviale en évitant de s'emporter.

7. **Se dire que la vie ressemble plus à un marathon qu'à un sprint.** Il faut s'attendre à une succession de progrès modestes avec des plateaux, plutôt qu'à des progrès fulgurants. Il est important de féliciter la personne quand elle fait des progrès et de l'encourager durant les périodes difficiles. Elle a besoin de soutien.

8. **Garder le sens de l'humour.** Pour aider quelqu'un, on n'a pas toujours besoin d'être sérieux. Les personnes atteintes d'un

TOC savent bien que leurs craintes sont ridicules et la plupart ne voient pas d'inconvénient à ce qu'on se moque un peu d'elles, tant qu'on le fait gentiment. Les familles de personnes atteintes de TOC affirment que l'humour a souvent pour effet d'aider ces personnes à prendre un peu de distance par rapport à leurs symptômes.

9. **Apprendre à reconnaître les signes indiquant la présence d'une recrudescence du TOC.** Voici certains signes indiqués par les familles concernées :
   - répétition des tâches ad nauseam
   - difficulté à achever les tâches
   - retards aux rendez-vous, à cause de vérifications répétées
   - sentiment de responsabilité exagéré à l'égard de la sécurité d'autrui
   - besoin constant d'être rassuré par l'entourage
   - amassement
   - propreté excessive
   - tendance à s'isoler
   - tendance à éviter certains lieux ou activités
   - tendance à se fâcher lorsque quelqu'un perturbe ses rituels

10. **Aider la personne à bien prendre ses médicaments et à suivre sa thérapie.**

11. **S'autoriser à commettre des erreurs.** Même quand on fait tout son possible pour aider la personne atteinte de TOC, il arrive toujours un moment où on se surprend à participer à un de ses rituels ou à la rassurer. Quand on retombe dans les vieilles habitudes, il faut essayer de ne pas se juger, de même qu'on essaie de ne pas porter de jugement sur la personne atteinte. Il suffit de se ressaisir. Après tout, personne n'est parfait.

12. **Ne pas négliger de prendre soin de soi.**
    - Maintenir son propre réseau de soutien.
    - Éviter de s'isoler.
    - Savoir reconnaître les répercussions les plus stressantes du TOC sur la vie de famille.
    - Avoir des activités qu'on aime en dehors de la famille.
    - Se créer un endroit où l'on puisse déstresser.
    - Prendre chaque jour un peu de temps pour se ressourcer.

La famille de Marie s'est sentie soulagée lorsqu'elle a finalement reçu un diagnostic de TOC et Marie elle-même a été soulagée de découvrir qu'il existait des traitements. Au départ, elle était un peu sceptique quant à leur efficacité, mais elle ressentait le besoin d'apporter des changements dans sa vie et elle était consciente des difficultés que causaient ses problèmes à sa famille. Elle a donc pris l'engagement de poursuivre son traitement jusqu'au bout.

Les membres de la famille de Marie ont reconnu qu'ils auraient eux aussi besoin de soutien pour pouvoir lui apporter l'aide nécessaire. Ils se sont joints à un groupe d'entraide, ils ont lu des livres sur le TOC et ils ont suivi toutes les recommandations à ce sujet. C'était la première fois qu'ils se sentaient à même de parler ouvertement des répercussions du TOC de Marie sur leur vie de famille. Grâce au soutien de sa famille, Marie a pu persévérer dans son programme de traitement et la vie familiale a commencé à s'améliorer.

Prendre soin de soi

Occupés et préoccupés qu'ils sont par le TOC de leur proche, il arrive souvent que les membres de la famille ne prennent pas suffisamment soin d'eux-mêmes, qu'ils négligent leurs propres activités et

qu'ils s'isolent de leurs amis et collègues de travail. Il s'écoule parfois un certain temps avant qu'ils ne réalisent qu'ils sont physique-
ment et émotionnellement à bout. Le stress peut provoquer des
insomnies, de l'épuisement et une irritabilité permanente.

Il est essentiel de reconnaître ces signes de stress et de prendre
soin de sa santé physique et mentale, et ce, en commençant par
reconnaître ses propres limites et par s'accorder des moments de
répit. Il ne faut pas hésiter à demander du soutien à des amis et
à des membres de la famille sur qui on peut compter. Certaines
personnes ont du mal à concevoir ce qu'est la maladie mentale.
Il peut donc être préférable de ne se confier qu'à des personnes
compréhensives.

Il est parfois utile d'avoir recours au soutien d'un professionnel.
On peut aussi se joindre à un groupe d'entraide ou profiter d'un
programme de soutien destiné aux familles de personnes atteintes
de TOC. Certains organismes communautaires, cliniques ou hôpi-
taux locaux offrent de tels programmes.

Il est recommandé de conserver des activités en dehors du cadre familial et à l'écart du membre de la famille malade. Il faut aussi savoir
qu'il peut arriver d'éprouver des émotions inconfortables sur la situation. Il faut apprendre à accepter ces émotions. Elles sont tout à fait
normales et ne devraient pas engendrer de sentiment de culpabilité.

Comment expliquer le TOC aux enfants

Il est assez délicat d'expliquer ce qu'est le TOC à des enfants. Ne
sachant comment s'y prendre ou pensant que les enfants ne com-
prendront pas, certains parents choisissent de ne rien dire. Pour
protéger les enfants, ils essaient de faire comme si de rien n'était.

C'est pourtant une stratégie qu'il est difficile de maintenir à long terme, car les symptômes du toc se manifestent dans le comportement de la personne affectée. Les enfants sont intuitifs et ils perçoivent les changements et les tensions qui existent au sein de la famille. Si l'atmosphère familiale semble indiquer qu'il ne faut pas en parler, ils tireront leurs propres conclusions, souvent erronées.

Les jeunes enfants, en particulier entre trois et sept ans, ont souvent une perception égocentrique du monde. Si une chose qui affecte les membres de la famille se produit, ils se diront sans doute que c'est de leur faute. Par exemple, si un parent a une phobie de la contamination et s'emporte parce que son enfant a touché un objet « contaminé », l'enfant se dira qu'il est la cause de ce comportement excessif.

Pour expliquer aux enfants ce qu'est la maladie mentale et le toc, il importe de ne leur dire que ce qu'ils peuvent comprendre en fonction de leur degré de maturité. Avec les tout-petits et les enfants d'âge préscolaire, il convient d'employer des phrases simples et courtes et de s'exprimer dans un langage concret, sans s'embarrasser de trop d'explications. Par exemple : « Parfois, Papa se sent malade et ça le met en colère » ou « Quand Maman est malade et qu'on touche l'évier, ça la fâche ».

Les enfants qui vont à l'école élémentaire sont capables de comprendre plus de choses. On peut leur expliquer que le toc est une maladie, mais ils risquent d'être dépassés par les détails concernant les thérapies et les médicaments. Pour les enfants de ce groupe d'âge, le toc peut être expliqué comme ceci : « Le toc est une sorte de maladie et les gens qui ont cette maladie ont très peur d'attraper des microbes et de tomber malades. C'est pour ça qu'ils sont toujours en train de faire du nettoyage ».

Quant aux adolescents, ils sont généralement en mesure de comprendre pratiquement tout ce qu'on leur explique et ils éprouvent souvent le besoin de parler de leurs impressions et de leurs sentiments. Il se peut qu'ils posent des questions sur le caractère héréditaire de la maladie ou qu'ils expriment des préoccupations à l'égard du stigmatisme attaché à la maladie mentale. En les informant, on les invite à s'exprimer librement.

Quand on parle à un enfant, il est utile de le rassurer en lui expliquant trois choses :

1. **La personne (mère, père ou tout autre membre de la famille) se comporte ainsi parce qu'elle est malade.** Il est important de dire aux enfants que la personne est atteinte d'une maladie appelée trouble obsessionnel-compulsif. Le TOC peut être présenté ainsi : « Le TOC, c'est un peu comme le rhume ou la varicelle, sauf qu'au lieu de donner des boutons ou le nez qui coule, il s'agit d'une maladie qui rend très inquiet, parfois sans raison. C'est pour ça que les gens qui ont un TOC n'arrêtent pas de tout vérifier, qu'ils évitent les choses qui les dérangent ou qu'ils amassent des choses. Et il leur arrive parfois de vouloir imposer leur façon de faire aux membres de leur famille Quand on a un TOC, ça prend beaucoup de temps pour guérir. Les gens qui ont un TOC ont besoin de se faire soigner par un médecin ou un psychologue. »

2. **L'enfant n'est pas responsable de la maladie.** Les enfants ont besoin qu'on leur dise qu'ils ne sont pas responsables de la maladie à cause de quelque chose qu'ils auraient dû ou n'auraient pas dû faire. En raison de leurs symptômes, les personnes atteintes de TOC ont tendance à être dépressives. Il faut bien faire comprendre aux enfants que ce n'est pas de leur faute si leur mère ou leur père (ou un autre membre de la famille) a l'air triste.

3. **Les adultes de la famille et d'autres personnes (médecin, etc.) sont là pour aider la personne malade.** C'est aux adultes qu'il revient de s'occuper de la personne atteinte de TOC. Les enfants ne devraient pas avoir à s'en soucier. Ce dont ils ont besoin, si leur mère ou leur père est atteint de TOC, c'est que l'autre parent ou des adultes de confiance les protègent des effets de la maladie sur leur vie. Les enfants devraient aussi pouvoir parler de ce qu'ils observent et de ce qu'ils ressentent avec quelqu'un qui comprend bien les tourments éprouvés par le membre de la famille aux prises avec le TOC. Beaucoup d'enfants sont effrayés par les changements qu'ils observent chez leur parent atteint de TOC et ils regrettent le temps qu'ils passaient ensemble. Il est bon que les enfants aient des activités à l'extérieur du foyer familial pour pouvoir nouer d'autres relations saines. Une fois que le parent malade commencera à se rétablir, il pourra reprendre des relations normales avec les enfants en recommençant graduellement à participer aux activités familiales.

Si la mère ou le père est atteint de TOC, les deux parents devraient parler aux enfants de la manière d'expliquer la maladie aux personnes de l'extérieur. Tout le monde a besoin du soutien de ses amis ; toutefois, le TOC est difficile à expliquer, et certaines familles craignent les préjugés liés à la maladie mentale. Il revient à chacun (parents et enfants) de décider dans quelle mesure se confier à des personnes extérieures à la famille.

Certains parents aux prises avec un TOC ont tendance à être irritables. Ils ont beaucoup de mal à tolérer le bruit et le désordre qui accompagnent les jeux des enfants. En programmant les activités quotidiennes, on aide la personne malade à se reposer et à éviter les situations susceptibles d'être des sources de stress et de conflit. Il faudra peut-être aussi prévoir du temps pour permettre aux enfants de jouer à l'extérieur ou réserver à la personne malade un endroit calme de la maison pour qu'elle puisse s'y reposer une partie de la journée.

Quand elle commencera à se sentir mieux, il sera bon que la personne explique son comportement aux enfants. Elle pourrait prévoir des moments particuliers à leur consacrer pour rétablir ses relations avec eux et leur montrer qu'elle est de nouveau disponible. Dans certains cas, il est très utile de dresser un plan de conduite avec l'aide d'un thérapeute.

Référence

American Psychiatric Association. *Manuel diagnostique et statistique des troubles mentaux* (5ᵉ éd.), trad. coord. par M.-A. Crocq et J.-D. Guelfi, Paris, Elsevier Masson, 2013

Sources d'information

SUGGESTIONS DE LECTURES

Botbol, Michel. *Les TOC de l'enfant et l'adolescent*, Paris, Solar, 2005

Chapelle, Frédéric. *Les TOC : Quand le quotidien tourne à l'obsession*, Toulouse, Éditions Milan, 2004

Collectif, coordination AFTOC. *Comment vivre avec une personne atteinte de TOC*, Paris, Éditions Josette Lyon, 2005

Hantouche, Elie et Vincent Trybou, coordination AFTOC. TOC : *Vivre avec et s'en libérer*, Paris, Éditions Josette Lyon, 2011

Neveu, Rémi. *Faire face aux TOC*, Paris, Éditions Retz, 2006

Rapoport, Judith L. *Le garçon qui n'arrêtait pas de se laver*, Paris, Éditions Odile Jacob, 1998

Sauteraud, Alain. *Je ne peux pas m'arrêter de laver, vérifier, compter : Mieux vivre avec un TOC*, Paris, Éditions Odile Jacob, 2002

SOURCES D'INFORMATION EN LIGNE

Association canadienne pour la santé mentale
www.cmha.ca/fr/mental_health/le-trouble-obsessionnel-compulsif

Institut canadien des troubles obsessifs compulsifs
www.ictoc.org/fr/

En anglais
Anxiety Disorders Association of America
www.adaa.org/understanding-anxiety/obsessive-compulsive-disorder-ocd

Frederick W. Thompson Anxiety Disorders Centre
www.sunnybrook.ca/thompsoncentre

National Institute of Mental Health
www.nimh.nih.gov/health/topics/obsessive-compulsive-disorder-ocd/index.shtml

Autres titres de la série de guides d'information

La dépression

La psychose chez les femmes

La schizophrénie

La thérapie cognitivo-comportementale

La toxicomanie

Le double diagnostic

L'espoir et la guérison après un suicide

Le premier épisode psychotique

Le système ontarien de services psychiatriques médico-légaux

Le trouble bipolaire

Le trouble de la personnalité limite

Les femmes, la violence et le traitement des traumatismes

Les troubles anxieux

Les troubles concomitants de toxicomanie et de santé mentale

Pour commander ces publications et d'autres ressources de CAMH, veuillez vous adresser au Service des publications de CAMH :

Tél. : 1 800 661-1111
À Toronto : 416 595-6059
Courriel : publications@camh.ca
Cyberboutique : http://store.camh.ca

www.ingramcontent.com/pod-product-compliance
Lightning Source LLC
Chambersburg PA
CBHW060634280326
41933CB00012B/2041